I.

APERÇU

SUR

l'état de la Civilisation

en France.

SE TROUVE

A Paris, chez Ponthieu et C.ie, Palais-Royal.

A Lyon, chez Faure et C.ie, successeurs de Favério, rue Lafont.

A Saint-Étienne, chez Motte, rue d'Artois.

A Bordeaux, chez Gayet aîné.

A Marseille, chez Camoin frères.

A Lille, chez Lefort.

LYON.

DE L'IMPRIMERIE DE LOUIS PERRIN,
GRANDE RUE MERCIÈRE, N° 49.

APERÇU

SUR L'ÉTAT

DE LA CIVILISATION

EN FRANCE,

Lu

LE 20 DÉCEMBRE 1827
A LA SOCIÉTÉ D'AGRICULTURE, ARTS ET COMMERCE
DE L'ARROND.ᵗ DE S.-ÉTIENNE (LOIRE),

Par M. Smith,

AVOCAT ET JUGE SUPPLÉANT,
MEMBRE CORRESPONDANT DU CERCLE LITTÉRAIRE DE LYON,

CHARGÉ DE PRÉSENTER QUELQUES OBSERVATIONS
SUR LE TABLEAU DES FORCES PRODUCTIVES DE LA FRANCE DEPUIS 1814,
PAR M. CHARLES DUPIN

✳

DEUXIÈME ÉDITION,
SUIVIE D'UN FRAGMENT SUR L'INDUSTRIE DE SAINT-ÉTIENNE

✳

PARIS.

AMBROISE DUPONT, RUE VIVIENNE, N.º 16.

LYON.

PÉZIEUX, PLACE LOUIS-LE-GRAND, N.º 17.

1828.

APERÇU

sur l'état

DE LA CIVILISATION

EN FRANCE.

Première Partie.

Faire connaître la situation physique et morale
d'une nation, calculer le produit et la masse de ses
progrès, dresser l'actif et le passif de ses connaissances; en un mot, si l'on peut s'exprimer ainsi,
arrêter et présenter l'inventaire de son état matériel et intellectuel, voilà sans doute un grand objet
proposé à nos études. Personne jusqu'ici n'avait
osé, en France et pour la France, tenter une pa-

reille tâche, que des hommes habiles avaient bien préparée par de précieux détails, mais qu'aucun n'avait encore conçue dans son ensemble. M. Charles Dupin est le premier à qui nous soyons redevables de ce travail bien plus utile encore que curieux. C'était surtout à lui qu'il appartenait de l'entreprendre ; peu d'hommes réunissent des connaissances aussi variées : l'industrie, le commerce, les sciences et les lettres, tout est du ressort de ce fécond génie. J'en atteste ces immenses bienfaits qu'il a répandus dans la classe ouvrière, ces précieuses notions qu'il a fait passer de nos ateliers dans nos manufactures, ces théories savantes qu'il a données sur la stabilité des vaisseaux, sur le tracé des routes, sur les déblais et remblais. J'en atteste enfin ces belles harangues où, animé à la vue de la terre classique de la Grèce, Dupin cherchait à rallumer le feu régénérateur des lettres dans leur sol natal, en faisant un noble appel aux enfants de la Hellade.

Autrefois on ne savait point, ainsi que de nos jours, tenir note de certains faits qui jettent une si vive lumière sur la condition des peuples et leurs institutions. Ainsi, nous chercherions vainement des notions exactes sur la population des divers états (1), sur la longévité des citoyens, sur les différents genres d'industrie, et la valeur des différents produits, etc. Nous n'avons rien qui puisse nous guider à cet égard avec certitude dans les combinaisons et les rapprochements que l'esprit humain se plaît toujours à faire. Ceux qu'une inquiète curiosité anime encore plus qu'un véritable esprit d'observation, fouillent bien dans les vieux almanachs ; mais, on l'a dit avant moi, la vérité s'y montre toujours boiteuse. D'autres interrogent les comptes de dépenses recueillis quelquefois par les chroniqueurs, ou s'égarent en commentant quelques vers des poètes. Ce sont là, il faut en convenir, de puérils documents, toujours incapables de mettre le philosophe observateur à même d'étudier l'avenir dans le passé.

(1) A Rome, tous les cinq ans, le censeur présidait au recensement de la population, mais il n'avait pour but que de déterminer l'étendue des ressources applicables à la guerre.

En Angleterre on fait, depuis 1801, un recensement général tous les dix ans. En France, le premier ministre qui en ait senti la nécessité, est M. Necker. Néanmoins, nous sommes encore à désirer un recensement exact, surtout sur la population.

Ordre moral, ordre matériel, c'est sous ce double point de vue que M. Dupin a mesuré toutes les forces progressives de la France. Il a su réduire à des calculs géométriques jusqu'à la marche de l'intelligence elle-même ; et, quelle que soit à son égard l'erreur de quelques personnes injustes ou ignorantes, son livre n'en restera pas moins comme un monument précieux où la France industrielle de nos jours retrouvera toujours ses titres. Aussi n'est-ce pas seulement à la science économique que peuvent profiter l'étude et la méditation de cet ouvrage, c'est encore à la science morale et aux recherches philosophiques : le simple énoncé de certains faits, la simple comparaison de quelques chiffres, nous offre souvent une instruction plus utile que d'éloquents discours ou de longs raisonnements.

Toutefois ce n'était point assez d'avoir ainsi mesuré le mouvement social, recueilli les effets obtenus, pour en calculer et déduire ceux qu'on peut obtenir, il fallait encore en rendre la connaissance facile et la mettre à la portée de tout le monde. Pénétré de cette idée, M. Dupin a conçu l'heureuse pensée de réunir dans un cadre resserré, sous le titre de *Petits Producteurs*, tout ce que son ouvrage renfermait de plus substantiel, et par ce travail il n'a pas seulement fait un bon livre, mais encore une bonne action.

Mon but n'est point ici d'en donner une analyse, j'estime peu les résumés de résumés; mais j'aime toujours à payer mon faible tribut d'admiration à tout ce qui est utile et national.

Il n'est pas de livre, ai-je souvent ouï dire, où il n'y ait quelque chose de bon à prendre; j'ajoute, pour celui-ci, que tout y est bon à prendre et à retenir. Il mériterait volontiers d'obtenir la popularité du *Bonhomme Richard* de Franklin; toutefois, il faut en convenir, il y a un peu trop de science et d'apparat, ainsi qu'on en a généralement fait la remarque, dans les petits livres de M. Dupin. Il s'adresse à tout le monde, à toutes les classes, et son brillant langage ne peut pas toujours être compris par tous; ses raisonnements et ses calculs demandent souvent des connaissances variées pour être bien saisis. C'est un défaut: la première qualité d'un écrivain est d'approprier toutes ses idées à l'intelligence de ses lecteurs. Franklin, que je citais tout-à-l'heure, et qui consacrait aussi ses efforts à éclairer les esprits et à civiliser le monde, est, en ce genre, un modèle admirable à étudier.

Maintenant, quoique les *Petits Producteurs*

soient surtout destinés à l'instruction populaire, il n'est personne à mon avis, qui ne puisse y trouver d'utiles et de salutaires leçons, depuis l'homme d'état, qui pourra y suivre les mouvements d'une population toujours croissante, entant par degrés et avec une étonnante rapidité les idées d'une génération nouvelle sur les idées d'une génération qui s'éteint, jusqu'à la simple ménagère, qui apprendra, par des calculs aussi, que la propreté doit être son premier soin, que si elle embellit, elle enrichit encore en conservant les personnes et les choses.

L'ouvrage de M. Dupin sur *les forces productives et commerciales de la France*, n'étant point achevé, il ne nous a paru, jusqu'à présent, dans la partie consacrée aux détails, qu'une bonne géographie, une excellente statistique, mais qui n'offre pas encore tout ce que promet l'introduction. Rien n'est plus admirable que cette introduction : c'est un palais magnifique que l'on quitte à regret pour se promener quelquefois dans de beaux jardins, dans de riches vergers, mais souvent aussi dans des terres battues. Il n'entre point dans mon plan d'apprécier le reproche fait à l'auteur de s'être laissé égarer par plusieurs des erreurs qu'on rencontre dans

quelques statistiques départementales. Quoi qu'il
en soit de ce reproche, ce que l'on peut dire
avec certitude, c'est que toutes les fois qu'il s'é-
lève à des· considérations générales, toutes les
fois qu'il fait parler les faits pour en presser
les conséquences, on reconnaît toujours le cachet et la trempe d'un talent supérieur qui sait
dominer jusque sur l'avenir.

Cependant, je l'avoue, je ne saurais me rendre
à toutes les prévisions de M. Dupin sur le sort
futur de notre beau pays. Ainsi, pour m'attacher
à un seul fait, autour duquel une foule d'autres
viennent se grouper, je ne puis croire qu'en 1840
le nombre des publications annuelles s'élèvera
en France à six cent soixante-huit millions sept
cent quatre-vingt-onze mille cinq cent dix-huit
feuilles d'impression. Je dis mieux : espérons
qu'en 1840 on lira davantage et l'on écrira moins,
et qu'alors nous ne serons plus accablés par ce
débordement de livres de tout genre, qui pèsent
plus encore sur la société qu'ils ne l'éclairent,
et empêchent quelquefois le génie de jeter tout
son éclat; de même qu'on voit à peine briller les
éclairs au milieu de l'horizon qu'ils sillonnent,
alors qu'une pluie abondante noie la terre et ne
la fertilise pas.

On s'aperçoit qu'à l'exemple de M. Dupin, je n'envisage nullement la question sous son rapport matériel. J'aime peu à considérer un livre comme marchandise ; seulement je crois que le jour où l'on écrira moins sera aussi celui où l'on écrira mieux, et j'appelle ce jour de tous mes vœux.

Ce n'est pas, à Dieu ne plaise ! que je veuille prétendre qu'il faille bâillonner la pensée et nous reporter au temps où la Sorbonne condamnait au feu ou au pilon ; ce n'est pas non plus que je veuille dire que de nos jours les livres respirent cette impiété révoltante, cette abjecte corruption dont les fastes littéraires offrent trop d'exemples aux siècles où la sotte censure avait pourtant toujours la férule à la main. A jamais loin de moi une pareille idée ! Je veux au contraire, avec M. Dupin, liberté de penser et d'écrire ; avec lui, je veux qu'on se livre davantage à la lecture, et surtout que le nombre des lecteurs aille toujours croissant ; mais aussi j'espère qu'avant peu le temps ne sera plus consacré à toutes ces productions éphémères dont nous sommes inondés aujourd'hui, et qui, s'adressant aux passions du jour, ne laissent trop souvent que vide et stérilité dans l'imagination.

Ces productions, cependant, jusque dans leur

légèreté et leur imperfection, caractérisent notre âge, époque de transition où, aucune doctrine n'étant solidement fixée, mille opinions contraires se disputent le domaine de l'intelligence. Sur ce champ de bataille, ce ne sont point des monuments que l'on cherche à élever; c'est l'ennemi que chacun veut dompter et chasser. Ce n'est qu'après s'être assuré du présent qu'on songe à l'avenir, et ce n'est qu'après la victoire qu'on cherche à orner son triomphe; aussi, tout, dans les productions actuelles de l'esprit, est transitoire comme notre temps : on veut des armes pour le jour, on s'en fera d'autres pour le lendemain.

Mais ces agitations elles-mêmes nous poussent vers un meilleur avenir. De ces combats et de ces chocs sortira enfin une doctrine victorieuse qui s'empreindra de ce qu'il y a de pur et de vrai dans chacune de celles qui luttent à présent. Quand la discussion frappe tous les jours les systèmes rivaux dans ce qu'ils ont d'exclusif, de passionné et de faux, il n'est donné qu'à la vérité seule de rester inébranlable au milieu de tant d'attaques. Aussi, le moment se prépare où nous devons voir ses divers côtés, maintenant séparés, se réunir pour former un ensemble unique qui saisira la raison humaine affranchie

des voiles dont l'esprit de parti l'embarrasse encore.

Et déjà, si je ne prends point pour une réalité
une trop flatteuse espérance, il me semble entre-
voir l'aurore de ce beau jour. Au milieu de nos
dissensions politiques, un illustre écrivain a dit :
« Ce qui nous divise est peu de chose. » Il l'a dit,
et à sa voix les barrières qui séparaient les deux
camps se sont abaissées. Des ruines des factions,
se forme chaque jour une doctrine politique qui,
prenant de ceux - ci l'amour des institutions,
des lois et de la liberté, conservant de ceux-là
cette fidélité chevaleresque envers des rois plus
chéris à mesure qu'ils étaient plus malheureux,
envers un trône dont on ressentait mieux les bienfaits à mesure qu'il était plus menacé, se forme,
dis-je, une doctrine politique qui grandit sans
cesse, et a déjà, ce me semble, rallié l'immense
majorité des esprits.

Ainsi, à une des époques les plus solennelles
des mouvements politiques, nous venons de voir
les partis les plus opposés se rapprocher souvent
pour n'en former qu'un seul, ou si l'on veut, pour
convenir dans les divisions qui existent encore,
de règles et de garanties faites pour servir de frein
aux vainqueurs et de refuge aux vaincus.

Le premier signal de l'alliance a été donné. Les partis se sont tendu la main ; c'est maintenant l'industrie qui travaillera à resserrer leur union.

« Cherchons, dit M. Dupin, à répandre un gé-
« néreux esprit d'association tourné vers l'entre-
« prise des travaux utiles à la patrie, alors nous
« verrons se former des liens d'intérêt commun,
« d'amitié privée, d'estime particulière entre tous
« les rangs, au milieu de tous les partis ; et
« peut-être la concorde publique avec la for-
« tune et la force de l'état, seront la consé-
« quence moins éloignée qu'on n'oserait l'es-
« pérer des associations dont nous voudrions
« pouvoir montrer dans tout leur jour les im-
« menses bienfaits. »

Il faut porter plus loin nos regards. Si les doc-trines qui se rattachent à la constitution de la so-ciété, et dont l'application est de tous les jours, doivent nécessairement, par un contact continuel, user les premières leurs aspérités, avec le temps il doit en être infailliblement de même pour toutes les autres doctrines qui se partagent avec elles l'empire du monde. Et je n'en excepte point la grande lutte de la religion et de la philoso-phie, non que je veuille ici soumettre ce que la première renferme de divin et de supérieur à nos

investigations, à ce que la seconde livre à nos dis-
putes ; mais n'ont-elles pas un but commun, le
bonheur des hommes fondé sur leur perfectionne-
ment moral? Il est vrai que pour y parvenir elles
partent de deux points tout-à-fait opposés : l'une,
descendant du ciel sur la terre, montre de suite
à l'homme ses devoirs dans les ordres de son Créa-
teur; l'autre, au contraire, prenant l'homme sur
cette terre, l'examinant dans ses rapports avec
lui-même et ses semblables, pour en déduire les
lois et les devoirs, remonte ainsi jusqu'à notre céleste origine. Cependant sur cette route inverse
combien de fois elles se rencontrent ! que de services elles pourraient mutuellement se rendre :
amies, elles sont le plus ferme appui l'une
de l'autre ; ennemies, elles se retranchent souvent l'une dans l'intolérance, l'autre dans l'athéisme. L'athéisme ! mais la philosophie de notre âge
en repoussant ce legs empoisonné de la philosophie du dernier siècle, en abjurant, en morale,
la doctrine de l'intérêt et, en métaphysique, la
doctrine des sensations, n'a-t-elle pas fait le plus
grand pas vers le christianisme? Si l'ancien pla-
tonisme mérita d'être appelé le précurseur de l'É-
vangile, cette philosophie ressuscitée à la voix
des Royer-Collard et des Cousin, et si victorieu-

sement opposée à celle des d'Holbach et des Hel-
vétius, loin de rien avoir d'incompatible avec notre
loi religieuse, l'embrasse, au contraire, pour
abaisser l'orgueil de la raison humaine et la soumettre aux vérités saintes de la révélation divine.
La religion, en un mot, est le dernier terme de
la philosophie. Tel est le terrain sur lequel doit
s'opérer le pacte qui les unira, alliance si dé-
sirable dans laquelle la religion, la philosophie,
et la liberté constitutionnelle, fille de toutes
deux, deviendront les fondements immuables
du bonheur de tous, cimenté par le bonheur de
chacun.

Mais ces féconds résultats que la Providence ré-
serve pour la plus grande prospérité de son ouvrage, nous ne voulons à présent les regarder que
sous un seul rapport : la formation des doctrines
reconnues et régnant sans partage. Ainsi sera close
la lice des débats intellectuels; ainsi, à une époque
de lutte et de transition succédera une époque
de paix et de stabilité dans les principes. Et de
même que notre temps de combat et, pour ainsi
dire, d'anarchie dans les idées est signalé par la
production d'une multitude d'écrits éphémères,
instruments d'un seul jour, parce qu'on n'a pas
besoin qu'ils durent davantage, de même aussi

les temps qui suivront (1) auront pour caractère
l'apparition de grands ouvrages, dépôts des doc-

(1) Il me semble qu'on peut déterminer trois époques bien distinctes dans notre histoire contemporaine.
1° Le dix-huitième siècle, dans lequel les anciennes
doctrines s'écroulaient de vétusté, sans toutefois cé-
der à de nouvelles. Alors il y avait vide dans le
champ de l'intelligence, négation de doctrines, et par
conséquent septicisme, incrédulité. 2° L'époque où
nous vivons, où une multitude de doctrines se disputent l'empire. 5° Enfin l'époque qui se prépare, dans
laquelle une doctrine unique, formée d'éléments pris
dans les opinions rivales, s'emparera du domaine de
l'intelligence et y régnera en souveraine.

« Soit que la société s'avance dans les voies du per-
« fectionnement, dit le *Précurseur* du 26 février de
« cette année, en rendant compte de la première édition
« de cet écrit, soit qu'elle rétrograde, elle est toujours
« sous l'influence d'un principe ou d'une doctrine. Ce
« principe est quelquefois unique ou absolu ; d'autres
« fois il est complexe, ou n'a qu'une domination tantôt
« contestée, tantôt partagée. Quand il finit par s'user
« ou par ne plus s'accommoder à la société qu'il a
« long-temps régie, on voit se succéder les phénomè-
« nes suivants : 1° l'Époque de décadence dans laquelle
« le principe de toutes parts attaqué perd de plus en
« plus son empire, alors il succombe sans voir sa place
« immédiatement occupée par un nouveau ; il meurt
« de vieillesse, pour ainsi dire, et ce n'est que le vide

trines victorieuses et servant à les transmettre aux
générations qu'elles doivent régir.

« que sa mort établit, qui appelle d'autres doctrines
« à venir présider à l'intellectualité. 2° Époque de com-
« bat entre des doctrines opposées. Il s'agit de remplir
« le vide occasioné par l'extinction du principe social.
« Plusieurs doctrines se précipitent pour saisir ce scep-
« tre abandonné; toutes sont jeunes et vigoureuses ;
« toutes ont des sectateurs ardents et enthousiastes.
« Elles cherchent à s'emparer de la politique comme
« de la religion, des arts comme de la littérature, de
« l'éducation comme de la législation. 3° Enfin, époque
« d'unité où une doctrine victorieuse régnant sur la
« société de la seule manière qu'une doctrine puisse
« régner, c'est-à-dire, par la conviction, s'empreint
« dans tout ce qui tient à la vie intellectuelle de la
« société. »

Seconde Partie.

Si nous étudions le mouvement actuel de notre pays, nous sommes bientôt frappés par une idée dominante, autour de laquelle se rallient toutes les espérances de notre avenir; c'est que la France est en marche, et que rien ne saurait la faire rétrograder. De là, les progrès des sciences et de l'industrie, l'amélioration toujours croissante des mœurs et de l'esprit national. C'est surtout à nos institutions, filles des lumières, que nous sommes redevables de ces bienfaits; ce qui nous conduira à quelques remarques sur cette vérité banale sans doute, mais qu'il n'est jamais inutile de reproduire, que les lumières ne font pas seulement le bonheur des individus, mais encore la force et la splendeur des nations.

L'immobilité n'est plus possible parmi nous. Une fois que la civilisation a pris son essor, elle va toujours promenant et grandissant son triomphe. Le moment n'est pas loin sans doute où elle portera partout son sceptre lumineux. C'est surtout maintenant que son invincible puissance semble vouloir pénétrer de toute part : elle marche, elle marche. On la voit, ayant toujours à ses côtés ses deux compagnes inséparables, la religion qui la fait bénir partout où elle se montre, et l'instruction qui éclaire tous ses pas. C'est elle qui naguère s'arma pour l'Amérique, et qui, de nos jours, soufflant sur les ossements de la vieille Athènes, a réveillé un peuple de héros, combattant pour son Dieu et sa liberté ; c'est elle qui proscrivait la traite des noirs de l'Afrique, en même temps qu'elle affranchissait les serfs de la Moscovie ; c'est elle aussi qui, venant de briser le cimeterre des Mamelucks et la féodalité des janissaires, ouvre peut-être, au moment où j'écris, à l'Europe étonnée de sa victoire, les portes de l'Orient, plus étonné encore de sa défaite.

De nos jours, le premier bienfait de la civilisation, c'est d'apporter d'utiles institutions sous l'influence desquelles elle grandit bientôt, en leur empruntant un nouvel éclat. Ces institu-

tions peuvent bien être gênées, entravées parfois dans leur action; mais, refoulées vers leur source, elles ne tardent pas à reparaître et plus pures et plus fortes. Voilà pourquoi désormais en France l'immobilité est impossible; voilà encore pourquoi la génération actuelle demande partout, non pas de nouvelles institutions fondamentales, mais le maintien de celles qui existent. C'est l'exemple que nous offre également sans cesse l'Angleterre; aussi, ne reçoit-elle jamais d'atteinte de ses oscillations politiques, parce qu'elle sait toujours se rallier autour de ses vieilles libertés.

Les progrès immenses des sciences et de l'industrie ont assez prouvé que la France ne peut pas rester stationnaire. C'est un beau spectacle que celui que nous présente partout aujourd'hui le développement de l'esprit humain, et l'on ne saurait refuser à la nation française cet éloge, qu'elle brille toujours aux premiers rangs parmi les nations qui aggrandissent chaque jour le domaine des découvertes et de la pensée.

L'histoire naturelle s'est établie de nos jours sur les bases solides de l'expérience; pendant que la géologie, la minéralogie et la botanique travaillent d'un concert unanime à arracher à la nature ses secrets, le vœu de Daubenton s'est fait entendre : désormais l'anatomie comparée et la zoologie sont devenues des *sciences françaises ;* et, chose admirable! en remontant à l'origine de l'organisation, nos savants naturalistes sont parvenus et à faire revivre à notre imagination étonnée diverses espèces d'animaux qui ont disparu du globe, et à rattacher les anneaux qui unissent tous les êtres par une chaîne commune. La physique s'enrichit d'une foule d'expériences, en même temps que la chimie est une source inépuisable de bienfaits pour l'industrie. La géographie ne se borne pas seulement aux plus hardies découvertes, elle s'étend encore dans le champ de l'histoire, de la philosophie et de la politique. L'astronomie, la plus perfectionnée de toutes les sciences d'observation, réduite à un simple problème mécanique, vient d'achever en quelque sorte de soumettre les cieux au génie de l'homme; les mathématiques, tantôt développant les ressorts de la machine céleste, tantôt calculant les mouvements et les rapports qui enchaînent le monde, toujours roulant sur lui-même sans s'écarter jamais des lois immuables de sa mobile immobilité, les mathématiques, dis-je, maintenant se plaisent surtout aussi à descendre dans les ateliers, et viennent ainsi ennoblir la main naguère routinière de l'ouvrier.

Les sciences d'un autre ordre ne marchent pas avec moins de succès. Celle du droit, souvent trop esclave des fluctuations de la politique, heureuse de pouvoir se rallier aujourd'hui à un corps unique de doctrines, a rencontré les plus nobles interprètes du juste et de l'injuste. L'économie politique, triomphant des rêveries d'une secte, est enfin devenue une science habilement cultivée parmi nous, et avec nos mœurs et nos institutions il ne saurait y en avoir de plus importante; aussi, si quelque chose surprend, c'est qu'on recule devant l'idée d'en propager l'étude. La médecine, jadis livrée au hasard des conjectures, s'appuie sur des règles, sinon invariables, du moins bien plus fixes et plus positives. Enfin, la chirurgie, marchant sur le terrain de l'application, fait chaque jour des progrès qui semblent tenir du merveilleux.

C'est surtout dans les lettres qu'il faut étudier l'état de la civilisation d'un peuple; aussi est-elle profondément juste cette pensée, heureusement rajeunie par un savant de nos jours, que « la littérature est l'expression de la société». Ainsi nous l'avons vue majestueuse sous Louis XIV, frivole et déréglée sous la régence et dans les premiers temps du règne de Louis XV, plus grave, mais trop souvent impie dans les temps qui suivirent, fougueuse à l'époque des orages de la révolution, soumise sous l'empire ; et nous la voyons aujourd'hui flottante entre tous les genres, sans se fixer sur aucun ; ou plutôt cherchant, à travers mille productions éphémères, à se créer un genre nouveau. Elle porte l'empreinte de ce vague au milieu duquel nous marchons encore avec nos institutions naissantes, cependant en s'élevant parfois aux plus hautes conceptions : j'en appelle aux pages si souvent sublimes de Châteaubriand et à celles de Villemain toujours harmonieuses et pures; j'en appelle aux nobles inspirations échappées au génie des Lamartine et des Casimir Delavigne.

Mais, développant d'autres germes d'une grande espérance, nos études littéraires semblent, aujourd'hui surtout, se tourner du côté des recherches historiques, et se plaire à faire revivre le souvenir de nos anciennes traditions nationales. Heureux effet des temps où nous vivons ! présage non moins heureux des temps qui se préparent ! Il n'y a que les peuples libres qui puissent vraiment chercher des leçons dans l'histoire, parce que seuls ils peuvent en profiter; et s'il y a des leçons à puiser, il y a aussi de la gloire à recueillir, dans les gloires de nos vieux pères ou de nos vieilles dynasties.

Dans un état monarchique ou absolu le gouvernement, enchaînant presque toujours la littérature à son char, lui impose, tant qu'il est fort, une allure docile. *Alors les intérêts de la société ne l'ont point pour interprète ; les matières qui touchent à l'ordre établi lui sont interdites; la chose publique lui reste étrangère; en un mot, elle n'est point citoyenne dans la patrie* (1). Mme de Staël a eu raison de le dire : « La littéra-
« ture, dans le siècle de Louis XIV, était le chef-
« d'œuvre de l'imagination ; mais ce n'était pas
« encore une puissance philosophique, puisqu'un
« roi absolu l'encourageait, et qu'elle ne portait
« point ombrage à son despotisme....... Les li-
« vres ne traitaient point les questions vraiment
« importantes; les hommes de lettres étaient re-
« légués loin des intérêts actifs de la vie. L'a-
« nalyse des principes du gouvernement, l'exa-
« men des dogmes religieux, l'appréciation des
« hommes puissants, tout ce qui pouvait con-

(1) Expressions fort justes d'un jeune littérateur de Saint-Étienne, dont l'excellent goût trahit souvent l'anonyme qu'il aime toujours à garder.

« duire à un résultat applicable leur était tota-
« lement interdit. »

Il n'en est pas de même dans un gouvernement représentatif : sous son influence, la littérature jouit, comme tout le reste, de cette noble indépendance que les institutions répandent
partout autour d'elles ; et on la voit souvent, mê-
lant ses avis aux conseils des sages, porter son
flambeau au milieu des intérêts les plus graves.
Les lettres alors sont une puissance et devien-
nent un moyen d'action dans la société. Peut-
être même n'est-ce pas trop avancer que de prétendre qu'elles sont une des plus fortes puissan-
ces agissantes. Sans elles, on ne peut plus espérer
d'arriver aux sommités sociales ; avec elles, on
peut toujours y parvenir. L'expérience et l'exemple sont là qui nous le prouvent. Depuis la charte,
qui a envahi nos ministères ? qui les envahit encore aujourd'hui ? des hommes sortis de la classe
moyenne de la société et que leur talent et leur
éloquence ont fait distinguer comme pouvant no-
blement défendre les intérêts de l'état (1). C'est

(1) La même chose a également lieu en Angleterre ;
et l'on y a fait cette singulière remarque, que trop souvent, aussitôt arrivés au ministère, les hommes de la

surtout cette classe que favorise la nature des gouvernements représentatifs. Elle est aussi la plus nombreuse, la plus forte d'une nation, et l'on a remarqué que dans tous les temps elle fut toujours la plus instruite.

C'en est assez pour montrer quelle est la direction que prend aujourd'hui parmi nous la littérature toute tournée vers l'utile. Peut-être perdra-t-elle quelque chose de ces graces qui brillent dans les productions de l'imagination ; mais aussi, quelle riche compensation ne trouvera-t-elle pas dans la profondeur et l'utilité de ses vues? et déjà nous en voyons des fruits heureux dans

classe moyenne devenaient les plus zélés défenseurs des priviléges. Je ne veux en citer ici qu'un seul exemple, c'est celui de M. Peel, devenu le chef du parti des torys et de la haute classe dans laquelle il n'a cependant pas pris naissance, ce qu'il s'est même toujours plu à proclamer ; car on se rappelle son beau discours dans lequel, appuyant la proposition qui avait été faite d'ériger un monument en faveur du célèbre Vatt, raccommodeur d'instruments et inventeur des machines à vapeur appliquées aux arts, M. Peel fit entendre ces paroles, qui furent couvertes de tant d'applaudissements : « Oui, je sens que la classe de la « société parmi laquelle j'ai pris naissance, a été *ennoblie* par ce génie. »

les discussions parlementaires et dans celles du
barreau, où le talent a toujours à s'exercer sur
les intérêts publics ou privés du citoyen.

La tribune a ouvert un nouveau champ à l'éloquence, et c'est là surtout que, déployant ses
vastes moyens d'influence, elle va, après avoir
remué tous les cœurs français, retentir encore
d'écho en écho partout où la voix de l'honneur
peut être entendue.

Le barreau avait sans doute déjà fait un grand
pas, alors que désertant la Bible et les poètes,
brillaient les Gerbier et les Bergasse; mais aujourd'hui, puisant souvent au feu sacré de la patrie, son éloquence est devenue une de nos gloires
nationales.

Que dirai-je des beaux arts, cette histoire
muette et pourtant animée du génie des nations?
ne semblent-ils pas sommeiller parmi nous, en
rêvant de grandes pensées; ils attendent sans
doute, pour se réveiller et enfanter de nobles
productions, que le temps ait sonné l'heure de la
triple alliance des institutions avec la religion et
la philosophie. Hâtez, hâtez donc ce moment,
vous tous à qui il est donné de guider la marche
de nos destinées futures!

Parlons maintenant des progrès de notre industrie ; c'est le grand, c'est le beau titre du siècle. Là, l'agriculture se mariant au commerce, multiplie des produits nouveaux qu'une main habile dispose à recevoir bientôt mille formes différentes ; ici, la fabrication des tissus, variée à l'infini et toujours avec une rare perfection, empruntant souvent aux arts leur éclat et leur magnificence, va distribuer sur tous les points de l'univers les fruits de nos labeurs ; ailleurs, des mines abondantes, tantôt reprises avec toutes les règles de l'art, tantôt découvertes après des recherches raisonnées, alimentent nos besoins ou fécondent de nouveaux ressorts de l'industrie ; plus loin, apparaît la métallurgie, fière de rivaliser et de surpasser même quelquefois l'Angleterre, la Suède et l'Allemagne, cherchant l'économie, maintenant qu'elle a trouvé la perfection ; enfin, partout sont disséminées mille productions diverses créées à l'envi pour satisfaire le luxe et les plaisirs, et qui semblent, en quelque sorte, porter avec elles le cachet de l'esprit français : objets légers, frivoles, depuis quelque temps d'un goût volontiers plus sévère, mais toujours brillants et gracieux.

L'industrie a bien encore d'autres titres à offrir à notre admiration, et dans l'ornement que

lui prête depuis peu la lithographie , sans con-
tredit une des plus belles découvertes de nos
jours; et surtout dans ces bienfaits immenses dont
un raccommodeur d'instruments de physique a
enrichi tous les arts utiles par l'application de la
vapeur. Les bienfaiteurs de l'humanité ont toujours droit à la reconnaissance des nations. Ren-
dons ici graces à cet Anglais, citoyen de l'univers par son génie : il a plus ajouté aux forces
et à la puissance motrices connues jusqu'à lui,
que si, à sa voix, la population du monde entier
se fût centuplée tout d'un coup. N'oublions pas
non plus nos ponts suspendus; jetés avec art sur
nos rivières, leur élégante hardiesse peut seule
le disputer à leur flexible solidité.

Mais, voulons-nous jouir du plus beau spectacle de l'industrie française étalant ses produits
sans montrer ses ressorts? parcourons, aux jours
d'une exposition les vastes salles du Louvre : au
milieu de tant de richesses , l'œil se fatigue et
jamais l'admiration.

Ce n'est pas tout : de nombreuses communica-
tions, premiers besoins de l'industrie, s'ouvrent
de toute part pour lui donner la vie et le mouvement; plusieurs canaux dont l'exécution se pour-
suit avec activité assureront bientôt un écoule-

ment plus prompt et plus facile à nos produits agricoles et manufacturiers. Cependant exprimons ici un vœu ardent, et qui est le vœu de tous : c'est que nos routes, sinon totalement négligées, du moins trop parcimonieusement entretenues, n'entravent plus et nos relations commerciales et les progrès de l'agriculture. Espérons que désormais nous verrons la voirie, cette branche si utile de l'administration, s'enrichir des millions qui jusqu'à présent sont allés trop souvent se perdre dans les détours d'une ténébreuse police, ou se dissiper dans les jeux périlleux d'une bourse perfide. Si nous avons un autre vœu à former encore, c'est sans doute celui de voir les grandes associations s'élever et se multiplier parmi nous. Au milieu des heureux résultats qu'elles ont déjà produits en France, rappelons seulement ceux de ces précieuses compagnies qui ont doublé en quelque sorte les fortunes en les assurant. Ce seul exemple parle assez par lui-même.

Peut-on tracer au milieu de Saint-Etienne quelques lignes sur l'industrie sans parler de cette cité intéressante où elle semble surtout s'être plu à rassembler ses produits les plus précieux et les plus variés ?

La rubanerie, les armes, la quincaillerie

ne forment plus maintenant les seules branches de son commerce étendu. Il étoit encore réservé à cette ville importante de disputer à la jalousie de nos voisins plusieurs richesses dont ils croyaient seuls avoir et garder le secret. C'est elle qui a ravi à l'Angleterre la prérogative exclusive de fabriquer les aciers fondus ; à l'Allemagne, celle de nous forcer à la consommation de ses aciers corroyés. Des forges laborieuses, des usines de toute espèce entretiennent l'activité d'une nombreuse population, qui s'accroît tous les jours sous l'influence de tant de sources de prospérité réunies. Une fabrique d'armes, qui n'a pas de rivale en France, alimente le commerce extérieur en temps de paix, et forme en temps de guerre un des principaux éléments de notre force militaire. Une école des mines, toujours dirigée par l'élite des ingénieurs français, forme des élèves distingués, qui vont porter dans toute la France les heureux fruits d'une instruction pratique. Des mines fécondes de houille répandent partout leurs produits recherchés. Plusieurs mines de fer, quelques-unes de plomb, ajoutent encore à nos productions minérales. Des hauts-fourneaux à l'instar des anglais, des forges à la houille et au laminoir nous garantissent une con-

quête de plus sur l'industrie de nos voisins d'ou-
tre-mer. Enfin pour assurer des débouchés rapi-
des à tant de richesses diverses, un chemin de fer
doit ouvrir bientôt une communication entre le
Rhône et la Loire, unissant ainsi l'Océan à la Mé-
diterranée; et Saint-Étienne sera le centre de cette
nouvelle communication. Heureuse la ville qui
recèle tant et de si précieux trésors (1)!

Après avoir démontré, par les progrès des
sciences et de l'industrie, que la France ne peut
pas rester immobile, cherchons à prouver que
la morale et la religion, loin d'avoir à gémir de
ces progrès, marchent aussi d'un pas égal vers
un but meilleur, ou plutôt qu'elles en sont les
premiers mobiles. Ce sont des vérités qu'aiment
peu les ennemis du christianisme, non plus que
ces détracteurs moroses et malhabiles des temps
où nous vivons, qui, pour accuser tout ce qui
les entoure, se retranchent sottement derrière
le ciel; comme si la morale et la religion n'é-
taient pas, dans nos sociétés modernes, la véritable puissance qui imprime à tout et partout le
mouvement, donne la vie, fait fleurir tout ce

(1) Voir à la fin l'extrait ou fragment d'une autre
lecture faite à la Société sur l'arrondissement de Saint-
Étienne.

qu'il y a de grand, de beau et d'utile. N'est-ce pas la religion qui nous a conservé et transmis le dépôt précieux des sciences ? n'est-ce pas elle qui a prêté aux beaux-arts leur majesté, et souvent aux arts utiles leur perfection ? n'est-ce pas sous ses auspices qu'ont été élevés Pascal, Bossuet, Newton, les trois plus fortes têtes pensantes que la nature ait peut-être jamais produites ? Qu'on me cite, depuis que son flambeau éclaire l'univers, un seul grand homme qui ne lui ait rendu hommage. Je le sais, quelques rares génies, toujours en trop grand nombre, l'ont outragée parfois avec une impudeur révoltante; mais, on en conviendra aussi, par une sorte de réparation céleste, ils n'ont jamais été plus sublimes que quand ils ont exalté les triomphes ou les bienfaits de la religion; et leur gloire s'est toujours flétrie par des productions indignes d'eux, toutes les fois qu'ils ont voulu attaquer cette bienfaitrice du genre humain.

Ha ! sans doute, si la religion est amie des lumières, elle ne l'est pas moins des institutions, bien que, cosmopolite, elle n'appartienne pourtant à aucune forme de gouvernement plutôt qu'à telle autre. Ainsi, citoyenne dans les républiques, n'est-ce pas elle qui conduit au chemin de l'honneur par le chemin de la vertu ? reine et sujette dans les monarchies , n'est-ce pas elle aussi qui apprend aux rois que , si leur puissance leur vient de Dieu ils ne l'ont reçue que pour le bonheur des peuples , et qui apprend aux peuples qu'ils doivent toujours obéir aux puissants , parce que leur autorité émane du Ciel ? Admirable enchaînement , qui , en rattachant le pouvoir et la soumission à la religion qui a sa racine dans le Ciel , fait remonter ainsi tous les anneaux de la chaîne sociale jusqu'à Dieu , au sein duquel ils vont se réunir et se confondre.

Que ne puis-je , dans cet Aperçu , développer toute ma pensée sur notre monarchie constitutionnelle , rapprochée du christianisme ! Je montrerais aux ennemis de la religion , qui ne peuvent concevoir son alliance avec la liberté , que la vraie liberté nous vient de l'Évangile , qui, le premier , a enseigné aux hommes que tous les hommes sont égaux ; aux ennemis de nos institutions , qui ne peuvent trouver dans la liberté une amie de la religion que , si c'est la religion qui tempère le pouvoir , adoucit le commandement , c'est elle aussi qui sait imposer un frein aux écarts de la démocratie , en même temps qu'elle présente au peuple un égide contre les

abus de l'autorité souveraine ; je leur montrerais à tous que la source des gouvernements
représentatifs est dans la religion chrétienne
seule , qui a appris à confondre tous les pouvoirs en un seul pouvoir, à réunir toutes les vo-
lontés en une seule volonté , qui a su rendre le
peuple souverain sans souveraineté , les rois arbi-
tres sans arbitraire ; je leur apprendrais enfin ,
que, si les anciens regardaient comme impossible, ou comme une brillante chimère, la réunion
des trois pouvoirs en un seul pour gouverner (1),
c'est parce qu'ils ne connaissaient ni la religion.
chrétienne , ni sa morale sublime.

Mais passons à l'examen des mœurs de la France.
Quel est l'état moral de cette nation?

Sommes-nous fanatiques, comme au temps où
le vieux Letellier dictait la révocation de l'édit de
Nantes ? impies, ainsi qu'on l'était quand l'athéisme , calomniant la philosophie, osait se décorer
de son nom? ou enfin, sommes-nous corrompus,
comme alors que des courtisans, de licencieuse
mémoire, parquaient de jeunes victimes qu'ils fai-
saient mûrir pour les plaisirs honteux d'un maître?

(1) *Nam cunctas nationes et urbes populus, aut pri-*
mores, aut singuli regunt. Delecta ex his et consociata,
reipublicæ forma, laudari facilius quam evenire, etc.
(Tacit. Ann., lib. 4-23.)

Si nous écoutons ces hommes qu'un esprit d'exagération emporte toujours au delà du vrai, les uns nous diront que la France est fanatique, parce qu'elle est religieuse; les autres, qu'elle est impie, parce qu'elle est tolérante; ceux-ci enfin, qu'elle est corrompue, parce que le trésor a patenté la débauche.

Soyons plus sages et surtout plus justes, et convenons que chaque jour nous devenons meilleurs. « Nos enfants valent mieux que nous », s'écriait M. de Châteaubriand, lorsqu'armé du glaive de la parole il vint frapper sur le cadavre d'un projet de loi néfaste. « Nos enfants valent mieux que nous, et nous valions mieux que nos pères », ai-je souvent entendu dire à l'aimable auteur du conte de Sans-Souci, ce bonhomme de la littérature moderne, tant aimé de tous, parce que toutes les fois qu'il écrit ou qu'il parle, il sait toujours mettre le cœur de la partie de l'esprit.

Oui, quoiqu'en dise M. de Bonald, la nation va toujours en s'épurant. Aussi, nous ne voyons pas que de nos jours la littérature soit obligée de subir la protection des courtisanes pour obtenir crédit en France; et Diderot mourrait aujourd'hui de faim avec ses *bijoux indiscrets* qu'il publiait cependant autrefois pour vivre. Il n'y a plus à en-

censer la sagesse et la fidélité d'une Pompadour :
le règne des Pompadour est à jamais passé, et
l'histoire de nos mœurs n'aura point à buriner le
scandale et l'odieux trafic d'une sœur royale, donnant une royale maîtresse à son frère pour l'en-
lacer dans des intrigues de cour.

« Si je considère les mœurs de la société, dit
« M. Dupin, j'y trouve les mêmes progrès que
« dans les écrits des prosateurs et des poëtes :
« depuis les marches du trône jusqu'à l'humble
« demeure du bourgeois, je reconnais partout
« les effets d'une grande amélioration. Je cher-
« cherais en vain, dans les palais de nos rois, ces
« viles prostituées extraites de la populace pour
« souiller le sceptre avec plus d'éclat. Malgré
« de lâches calomnies, les mœurs des dames de
« la cour sont aujourd'hui plus pures, non seule-
« ment qu'aux époques tristement célèbres des
« Médicis, du régent et de Louis XV, mais même
« de Louis XIV et de Louis XVI. Le malheur a
« retrempé les vertus des familles illustres, et la
« vie domestique a repris des charmes pour elles.
« L'amour conjugal n'est plus ridicule à leurs
« yeux ; enfin, l'éducation des enfants occupe au-
« jourd'hui les plus grandes dames et les plus
« grands seigneurs, qui jadis se reposaient d'un

« tel soin sur des valets et sur des merce-
« naires. »

Cependant, il faut en convenir, si, en général, les mœurs se sont épurées en France, ceci
n'est vrai que pour les classes instruites de la société. Au contraire, dans la classe du peuple où
l'instruction n'a pas encore pénétré, il y a volontiers plus de débordement qu'autrefois, parce
qu'avec moins de frein elle a plus de licence.
Elle n'est plus retenue par cette soumission res-
pectueuse que jadis elle montrait souvent, ou
par une sorte de crainte qui l'enchaînait presque
toujours; crainte salutaire quand elle agit sur
l'ignorance. L'habitant des campagnes n'a pas conservé non plus ce sentiment religieux des an-
tiques mœurs patriarcales qu'il aimait à faire
germer autour de lui, espèce de culte au milieu
duquel s'entretenaient ces vertus douces et simples qui font le bonheur de la chaumière. Tous
ces souvenirs ont disparu devant les plaies d'une
révolution corruptrice qui a semé une immora-
lité profonde dont les traces sont lentes à s'effa-
cer. Sans doute il ne faudrait pas songer à faire
revivre le mobile de la crainte. La nation française
veut être conduite aujourd'hui par des moyens
qui conviennent mieux à la dignité de l'hom-

me; mais on peut, par une instruction (1) sage et
bien dirigée, rappeler la classe du peuple à tous
ses devoirs en lui apprenant à les aimer; et
la philanthropie du gouvernement doit surtout
s'étudier à faire descendre les lumières dans
cette classe intéressante, si l'on veut qu'elle s'é-
lève à des sentiments plus nobles, plus géné-
reux, garanties de l'ordre public et de la félicité
intérieure.

Que dirons-nous maintenant de nos mœurs religieuses? C'est ici surtout que se fait sentir une
grande amélioration. La liberté des cultes a fait
disparaître ces haines invétérées qui déchiraient
jadis les cultes différents. La religion n'a plus à
gémir de ces vieilles querelles de mots oud amour-
propre, où trop souvent elle était sacrifiée aux
vanités théologiques ; et si l'on agit mieux aujourd'hui, c'est parce qu'on écrit et qu'on dispute
moins sur toutes ces matières. Quelle que soit la
justice que semble rendre M. Dupin, à certains
égards, au clergé catholique, elle ne me paraît

(1) Montesquieu a établi que l'honneur est le mobile des monarchies; il faudrait y ajouter l'instruction pour les monarchies constitutiónnelles, de même
que la crainte et l'ignorance sont le mobile des gouvernements despotiques.

point assez éclatante: jamais peut-être il n'y eut de piété plus vraie et plus éclairée que de nos jours.

On sait, dans la plupart de nos palais épiscopaux, ainsi qu'on le savait autrefois dans celui de Fénélon, que la tolérance n'est pas seulement une vertu politique, mais encore une vertu chrétienne; et la chaire retentit aujourd'hui de cette vérité sublime : que, tolérante pour les personnes, notre religion n'a d'intolérance que pour les erreurs (1). Il y a peu de jours encore que, loin de se croire troublé par le voisinage d'un temple dissident, nous avons entendu un auguste prélat dire aux protestants qui venaient le visiter : « J'aime toujours, Messieurs, à me « trouver près des gens qui prient. »

Graces au Ciel, nous n'avons plus de ces couvents sans nombre grossis par la vanité des familles, où des cadets expiaient dans un célibat forcé, le malheur d'être nés les derniers; mais où trop souvent aussi, il n'y avait de réglé que les heures

(1) M. Frayssinous disait dans sa conférence sur la tolérance : « Le zèle de la doctrine ne doit jamais « altérer la charité; intolérante contre les erreurs, « mais tolérante envers les personnes, telle est la re « ligion que nous avons le bonheur de professer. »

des repas et des prières. Nous n'avons plus de ces moines quêteurs, pauvres de vertu mais si riches par l'aumône; ce qui faisait dire assez plaisamment par Dufresny à Louis XIV : « Sire, je « ne regarde jamais le Louvre sans m'écrier : Su- « perbe monument de la magnificence d'un de « nos plus grands rois, vous seriez achevé depuis « long-temps, si l'on vous avait donné à un des « ordres mendiants, pour tenir son chapitre ou « loger son général. »

Qu'y a-t-il de plus simple et de plus édifiant que nos jeunes lévites? Qu'y a-t-il de plus vénérable que nos vieux prêtres, la plupart martyrs vivants de la religion et tous modèles touchants de sagesse et de bonté? On les a dépouillés de *leur croix d'or, et ils ont pris une croix de bois : c'est une croix de bois qui a sauvé le monde*(1). Au milieu des besoins qui les pressent de toute part, besoins qui ne sont jamais les leurs, mais ceux de l'infortune, à peine les uns et les autres reçoivent-ils le modique salaire d'un commis à pied, et pourtant le malheur est toujours sûr de trouver auprès d'eux asyle et secours.

Mais j'entends crier de toute part au jésui-

(1) M. de Montlosier.

tisme, car le peintre de notre époque ne pourra pas taire que cette faction agita les esprits.

Avouons-le, on est injuste envers les jésuites, lorsqu'on va jusqu'à les outrager comme hommes ou comme chrétiens. Oubliant les services qu'ils ont pu rendre à ce double titre, on ne songe qu'à accuser le corps entier des erreurs et des crimes de quelques-uns de ses membres; et, par une inconcevable aberration, on voudrait établir aujourd'hui entre eux une solidarité qui, allant fouiller dans le passé, se réfléchirait jusque dans l'avenir. Voilà les hommes : ils ne savent combattre ou se défendre qu'avec l'outrage; aussi l'outrage appelle l'exagération, l'exagération produit la résistance, et la résistance est toujours trop habile à grossir et à recruter ses rangs.

Toutefois, au milieu des cris qui s'élèvent de toutes parts contre les jésuites, sachons distinguer les plaintes de ceux qui croient devoir les repousser autant par respect pour les lois de la nation, que pour prévenir les maux que leur présence pourrait ramener encore dans l'état comme dans l'église; et ne confondons point ces plaintes avec les clameurs de ceux qui ne les poursuivent, que dans l'espoir caché d'atteindre et de frapper la réligion. Tenons-nous en garde

contre les rumeurs d'une audacieuse impiété qui
croit avoir remporté un véritable triomphe quand
elle a pu imprimer le nom de jésuitisme à tout
ce qui est moral et religieux, espérant, dans son
délire, tout envelopper dans une proscription
commune : ce sont les vieux restes du philoso-
phisme expirant; ou plutôt ce sont les derniers
abois de l'anarchie cherchant encore parfois à
soulever sa tête hideuse de dessous la boue qui
la recouvre.

Mais, hâtons-nous de le dire, plus sages, les
jésuites, mystérieusement accueillis et tolérés
parmi nous, auraient dû se retirer aussitôt qu'ils
sont devenus un prétexte de trouble. C'est un
devoir, et un devoir impérieux, que de disparaître
aussitôt qu'à tort ou à raison le désordre s'attache
à nos pas. Ceci est vrai surtout en politique, où
l'opinion si puissante et si mobile n'attend pas
toujours les arrêts de la justice ou les ordres du
souverain. D'ailleurs, les jésuites ont été bannis de
France, et tant que leur interdiction n'aura pas
été levée, ceux qui comptent pour quelque chose
le respect que l'on doit aux lois de son pays, se
rallieront toujours plutôt aux arrêts qui les pros-
crivent qu'au mystère qui les rappelle. Qu'ils se
soumettent hautement à l'autorité des lois civiles

et religieuses sous l'empire desquelles ils veulent vivre; alors existant par elles, ils trouveront sous leur égide une protection qui deviendra une garantie pour tous, et en faveur des intentions dont ils se parent et contre celles qu'on leur prête. Mais aujourd'hui, au sein de la nation et de l'Église françaises, leur existence est une véritable anomalie. Pourquoi ne sont-ils citoyens que de leur ordre? prêtres que de leur ordre? pourquoi, marchant à reculons dans notre patrie, ont-ils toujours les regards fixés au delà des Alpes? Rome chrétienne ne demande plus qu'on adore Rome politique, et le trône des pontifes est entouré d'un bien plus saint respect depuis que le Vatican, déshérité de ses foudres de conquête, n'a plus que des prières pour la paix de la terre. Un gouvernement bien policé ne doit jamais souffrir dans son sein un corps excentrique qui attire et retient tout à lui, pas plus qu'un bon jardinier ne saurait souffrir dans son jardin une plante parasite qui traîne ses racines dans les racines de toutes les autres plantes.

En Angleterre, le zèle des jésuites a perdu les Stuarts, le zèle des Stuarts a perdu l'Église romaine; grande et terrible leçon qui, en France, ne doit pas demeurer stérile pour les vrais amis du trône et de la religion.

Resterait à examiner quel est l'état politique
de la France et quel est son esprit social ; mais le
tableau est trop grand pour le cadre, et surtout
le portrait trop difficile pour le peintre. Je me
bornerai à exprimer ici un vœu et une pensée :
quand donc verrons-nous la modération , cette
vertu des forts, devenir parmi nous une vertu na-
tionale? chaque jour, il est vrai, nous semblons
marcher vers ce temps ; mais marchons plus vite
encore! hâtons-nous surtout de proscrire ces distinctions de parti qui prolongent nos divisions
intestines, au milieu desquelles les modérés sont
toujours sacrifiés par tous. Placés entre deux feux,
tous les traits en se croisant frappent sur eux,
et, comme le dit notre vieux Montaigne,« ils sont
« pelotés à toutes mains. Quand Guelfe j'étais
« Gibelin, et quand Gibelin j'étais Guelfe. »
Quant à notre esprit social, il est toujours Français, et ce seul mot exprime tout : l'alliance de
la gaîté avec la franchise , de la loyauté avec la
galanterie. Toutefois nous devenons plus graves,
sans rien perdre cependant de ces graces vives et
légères qui furent toujours le type de notre caractère national. Aussi, voyons-nous que la chan-
son a emprunté, de nos jours, quelque chose de la
majesté de l'ode, en même temps que le roman,

cherchant ses sujets dans l'histoire, se retrempe
dans ses souvenirs. La comédie, ce miroir des travers du temps, loin de rire, ainsi qu'autrefois, de
la vieillesse ou de l'amour conjugal, n'a plus de
véritable inspiration que pour dicter les leçons les
plus sublimes de respect, d'union et d'honneur.
L'éducation semble aussi chaque jour, sinon ni-
veler, du moins rapprocher toutes les conditions.
Il n'est plus guère dans nos mœurs sociales d'en-
censer les distinctions factices ; et maintenant celui qui s'enfle et s'admire devant ses parchemins
est un personnage grotesque dont le théâtre même ne s'occupe pas ; on n'en voit plus que dans
quelques petites villes ou dans les comédies du
dernier siècle. Aussi, un grand paraît-il quelque
part, si quelque chose étonne et fatigue ce parvenu
d'hier ou nos exclusifs du jour, ce n'est pas leur
servilité envers lui, mais bien son affabilité envers
tout le monde. « Il est vrai, disait Massillon, que
« l'affabilité est comme le caractère inséparable
« et la plus sûre marque de la grandeur. Les
« descendants de ces races illustres et anciennes,
« auxquelles personne ne dispute la supériorité
« du nom et l'antiquité de l'origine, ne portent
« point sur leur front l'orgueil de leur naissan-
« ce.... parmi tant de titres qui les distinguent

« la politesse et l'affabilité est la seule distinction
« qu'ils affectent. Ceux, au contraire, qui se parent
« d'une antiquité douteuse, et à qui l'on dispute
« tout bas l'éclat et la prééminence de leurs an-
« cêtres, craignent toujours qu'on n'ignore la
« grandeur de leur race, l'ont sans cesse dans
« la bouche, croient en assurer la vérité par
« une affectation d'orgueil et de hauteur, met-
« tent la fierté à la place des titres, et en exi-
« geant au delà de ce qui leur est dû, ils font
« qu'on leur conteste même ce qu'on devrait
« leur rendre. »

Ainsi va le monde. Les vanités et les faiblesses,
les petitesses et les passions tourmenteront long-
temps les hommes. Cependant deux causes éner-
giques agissent puissamment sur les masses et
les individus, et leur action continue presse,
pousse et force bientôt tous les rangs : ce sont les
institutions et les lumières. Mauvaises, les institutions dégradent souvent l'humanité; bonnes,
elles la corrigent et la perfectionnent presque
toujours. Nous en faisons maintenant l'heureuse
expérience, depuis qu'une ère nouvelle s'est levée
pour nous à l'ombre d'une charte, immortel présent d'un roi-législateur qui a su lier les temps
passés avec les temps modernes.

Désormais la nation française s'est élevée au rang des peuples libres ; et, chose admirable, aujourd'hui nos libertés ressortent surtout de la majesté du trône. A côté de l'inviolabilité du monarque se trouve la responsabilité des ministres. C'est cette même responsabilité qui, couvrant toujours la vie murée du souverain, protége toujours aussi nos conseils et nos plaintes ; et le droit de remontrance, qui jadis tourmentait nos rois, maintenant ne frappe plus que contre leurs conseillers.

Ainsi, nous avons pour maxime que, placé dans l'atmosphère d'une région élevée et inaccessible, le roi de France n'est jamais atteint, parce qu'il ne peut jamais mal faire ; semblable en quelque sorte au dieu de Platon qui, ne pouvant envoyer le mal sur la terre, se servait de divinités secondaires pour communiquer avec les hommes. On dit pourtant que nos divinités ministérielles ne valent pas toujours les divinités de Platon.

Qu'on ne s'étonne pas ensuite si la Charte est si chère aux Français : c'est le gage des rois, c'est le titre de la nation ; et si jamais quelque main infidèle, blessant la foi et la dignité royale, osait toucher à ce dépôt sacré, serrons les rangs...(1).

(1) Malheur, disait Rivarol, à ceux qui remuent le fond d'une nation !

Malheur à ceux à qui un semblable appel porte-
rait ombrage ! ils sont coupables, ils conspi-
rent, *qui deliberant desciverunt.*

Les masses et les individus, disais-je tout-à-
l'heure, trouvent dans les lumières un puissant
levier ; c'est même, à n'en pas douter, le premier
et le plus puissant de tous, parce qu'il donne
bientôt une puissante impulsion aux états. Les
lumières produisent les bonnes institutions, qui,
à leur tour, enfantent les bonnes mœurs, la justice et la prospérité ; c'est le soleil qui éclaire,
anime et vivifie tout.

Répandez et popularisez l'instruction, et bientôt, sous son heureuse influence, vous verrez
l'homme devenir et meilleur et plus habile. Rai-
sonnant ses pensées et ses actions, il trouvera
dans la vie privée plus de charmes et de douceur,
plus de perfection et de penchant à la vertu ; citoyen ou mortel fragile et périssable, il compren-
dra mieux ses droits et ses devoirs, son néant et
sa fin divine. Aussi, était-il éminemment philan-
thrope ce célèbre cardinal de Tournon qui, en
1540, décida que *l'ignorance étant une pau-*
vreté de l'ame beaucoup plus déplorable que
celle du corps, on devait, dans l'emploi du legs
de son prédécesseur, préférer l'instruction de
la jeunesse aux aliments du pauvre.

M. Dupin, dans le rapprochement qu'il a fait
de la France du nord avec celle du midi, nous
a prouvé d'une manière mathématique les effets
et l'influence de l'instruction. Le chiffre est toujours là pour appuyer le fait et le raisonnement.
Je m'étonne qu'un pareil ouvrage n'ait pas, dès
sa naissance, produit une émulation plus active
et plus spontanée ; mais c'est le sort des bons
livres : ils agissent lentement. Il y a dans l'ignorance du vulgaire un certain amour-propre qui
lui fait repousser sans examen les bienfaits qu'on
lui apporte; aussi, quand il cède, c'est toujours
sans obéir. Et puis, il faut tout dire, à la vivacité
d'esprit qui les distingue, les habitants du midi
joignent une sorte de paresse dont le charme
monotone les enchaîne long-temps sous le joug
de leurs habitudes routinières.

Ce n'est pas tout, et souvent on l'a dit, si les
lumières élèvent l'homme privé, elles font surtout aussi la splendeur des nations. Jetons un
regard sur les siècles passés, reportons-nous
ensuite sur ce qui nous environne, bientôt nous
verrons jaillir de tout côté avec éclat cette vérité triomphante. L'Égypte et la Phénicie, ber-
ceaux des arts utiles, leur doivent cette puissance séculaire dont l'histoire a consacré le sou-

venir. Le monde s'écroulerait que les reflets seuls
de la gloire attique pourraient encore éclairer et
ranimer des ruines. La Macédoine n'a conquis
l'univers que lorsqu'elle eut à sa tête un roi qui
ne marchait jamais sans son Homère et qui avait
été disciple d'Aristote. Syracuse avec un seul
homme (1) et le secours d'une seule science ar-
rête une armée tout entière, et il n'est pas de
conquête dont la gloire puisse égaler celle d'une
pareille résistance. Rome a surtout brillé d'un
éclat sans égal alors que les Scipion, les César et
les Auguste la conduisaient à la victoire en temps
de guerre, et l'instruisaient eux-mêmes dans la
paix. La France n'a jamais été si grande et si puissante que sous les règnes de Charlemagne (2) et

(1) On sait qu'Archimède obligea Marcellus à chan-
ger le siége de Syracuse en blocus, après lui avoir fait
essuyer des pertes considérables d'hommes et de vaisseaux par le jeu terrible de ses machines.

« On voit, dit Rollin (*Histoire ancienne*), quel in-
« térêt ont les princes de protéger les arts, de favo-
« riser les gens de lettres, d'animer les académies des
« sciences par des distributions d'honneur et par des
« récompenses solides, qui ne ruinent ni n'appauvris-
« sent jamais un état. »

(2) « Charlemagne, dit le président Hénault, aima,

de Louis XIV ; enfin, la Russie ne comptait pas au
rang des nations civilisées avant Pierre-le-Grand,
qui n'a pas seulement recherché, encouragé les
arts et les sciences, mais qu'on a vu encore travailler de ses propres mains, jusqu'à fouiller et
transporter lui-même la terre des canaux qu'il
faisait creuser.

Qu'on ne prétende pas que ces peuples doivent bien plutôt à leur valeur couronnée de la
victoire, qu'aux arts et aux sciences, l'éclat qu'ils
ont jeté dans le monde ; l'histoire vient bientôt répondre. Les trophées de leurs conquêtes ont
disparu depuis long-temps, mais avec les arts et
les sciences ils ont élevé des monuments impé-
rissables. Voyez ensuite, au quatrième siècle,
ces peuplades de barbares fondant de toute part
sur l'Europe ; l'aveugle succès des combats sui-
vait bien aussi tous leurs pas, mais quelle était
leur puissance, et quelle a été leur gloire ? Leur
puissance, c'était celle d'une bête féroce qui ne
domine que tant qu'elle étreint sa proie ; leur
gloire, c'est de leur conquête que date l'état
de barbarie dans laquelle l'Europe a dormi pen-

« cultiva et protégea les lettres et les arts ; car la véri-
« table grandeur ne va jamais sans cela. »

dant plusieurs siècles. Veut-on maintenant une preuve plus forte et plus vivante ? quand l'Italie a-t-elle offert l'exemple unique au monde d'un même sol donnant deux fois un nom à un siècle ? c'est alors que les Médicis ouvrirent leurs bras hospitaliers aux nobles fugitifs de Constantinople, derniers débris d'un grand peuple qui apportaient avec eux les archives du génie antique.

De nos jours l'influence des lumières se fait sentir partout avec la même force. A quoi l'Angleterre est-elle redevable de sa prépondérance européenne? aux ressources immenses de son industrie, que l'éducation a répandue et perfectionnée dans toutes les classes d'une manière si étonnante. Depuis quand la Russie s'est-elle placée aux premiers rangs parmi les grandes nations? depuis qu'Alexandre, dans son empire, avait entouré les lumières d'une protection si active. Depuis quand surtout l'Amérique du nord, secouant le joug de la servitude, a-t-elle pris un essor si rapide et si élevé? depuis que les arts, les sciences et l'industrie travaillent, peut-être, à lui forger le sceptre du monde (1).

(1) « Ce peuple, dit M. Chaptal (*De l'Industrie française*), placé au centre du monde commerçant, me

Laissons tomber maintenant nos regards sur
ces peuples qui languissent dans l'oisiveté et
l'ignorance ; ne parlons pas de ces bandes sau-
vages de l'Asie ou de l'Afrique, tributaires loin-
taines de la barbarie, qui ne reçoivent pas même
la plus légère secousse du mouvement imprimé
de toute part à la civilisation ; arrêtons - nous
sur des contrées plus voisines et dont l'exemple
rendra peut-être la leçon plus sensible et plus
frappante.

D'où vient cet état de stagnation dans lequel
languissent l'Italie et le Portugal ? d'où vient
cette marche rétrograde de l'Espagne, que la
nature semblait cependant avoir comblée des éléments de la plus grande prospérité ? où faut-il
rechercher les causes qui plongent de si beaux
pays dans l'inertie et trop souvent dans le désordre ? elles se montrent bientôt à qui veut les
apercevoir : les lumières ne fécondent plus ces
riches contrées, l'industrie y est étouffée, les
arts et les sciences n'y servent pas d'auréole aux
têtes couronnées. C'en est assez, c'en est trop
pour faire tout le malheur de ces peuples.

« paraît appelé aux plus grandes destinées, et peut-être
« à hériter un jour des arts et du commerce de la vieille
« Europe. »

Fragment

sur

L'INDUSTRIE DE SAINT-ÉTIENNE.

Si nous voulons jouir de l'un des plus beaux spectacles de l'industrie animant tout ce qui l'entoure, un instant portons nos regards sur Saint-Étienne (1), et parcourons cette ville active et laborieuse.

Ne nous étonnons point d'abord de voir sa nombreuse population se heurtant et s'encombrant dans de larges rues, à des heures toujours

(1) D'après les recensements officiels, la population de la ville de Saint-Étienne, qui était en 1806 de dix-huit mille trente-quatre individus, a été en 1827 de trente-sept mille trente-un. Le même accroissement a eu lieu dans les villages et hameaux qui composent la banlieue: de neuf mille, elle s'est élevée à dix-huit mille. Ainsi la ville et la banlieue possèdent une population agglomérée de cinquante-cinq mille habitants.

fixes; c'est que l'ordre est son premier soin, la
règle son premier devoir ; elle sort ou rentre
pour travailler.

Visitons en premier lieu quelques-unes de ces
nombreuses fabriques de rubanerie, qui forment
la principale branche du commerce de la con-
trée (1). L'ingénieuse mécanique a multiplié sur
tous les points les moyens les plus simples de tis-
ser la soie d'une manière rapide, régulière et variée. Aussi, quelle fraîcheur et quelle délicatesse
dans ces rubans offerts à nos regards ! faudrait-il en

(1) Il résulte d'un rapport fait à la Société par M. Ph.
Hedde, négociant de Saint-Étienne, qui s'occupe en ce
moment d'un grand ouvrage sur la *Textologie* ou
Traité sur la fabrication des tissus de tous les pays,
que cent quinze filatures à soie moulinent, dans l'arrondissement de Saint-Étienne, deux cent quarante
mille kilogrammes par an, et que la soie employée
par la fabrique de rubans, s'élève à quatre cent deux
mille cinq cents kilogrammes, dont la valeur est de
vingt-trois millions trois cent quarante-cinq mille
francs, recevant par le travail un accroissement de
valeur de quatorze millions sept mille francs, et que
le produit des objets manufacturés est de trente-sept
millions trois cent cinquante-deux mille francs.

La fabrication des rubans emploie dans l'arrondissement vingt-neuf mille cinq cents ouvriers faisant trois
cent cinquante mille aunes de rubans par jour.

être bien surpris, un sexe aimable leur prête souvent son goût et ses soins.

Pénétrons dans les magasins du fabricant, où nous suivrons ce mouvement rapide des marchandises qui passent, repassent et s'écoulent, pour faire place aussitôt à des marchandises nouvelles. Là, nous pouvons étudier le goût de toutes les nations et celui de l'Amérique naissante et pourtant déjà marchant à la perfection; et celui de l'Espagne riche hier, malheureuse aujourd'hui, et toujours vaine et fière; et celui de l'Allemagne ou de la Russie, cherchant et croyant rencontrer le goût français, et tout étonnées de se retrouver toujours avec un goût allemand ou russe; celui enfin de l'Orient superbe, pompeux, mais invariable, et de l'Anglais jaloux, mais toujours ingénieux.

Regardons furtivement et à la hâte ces rubans si gracieux que l'on cache avec soin. C'est qu'ils n'ont point encore paru dans la capitale, et en France les objets de mode veulent toujours respirer l'air de Paris avant de se montrer en province.

Si, portant maintenant nos pas vers ces mines précieuses où s'exploitent à la fois et la houille et le minerai de fer, nous descendons dans ces demeures souterraines où des hommes noirs comme tout ce qui les entoure, consument une vie pénible et trop souvent exposée à des dangers que l'art ne peut ni prévenir, ni arrêter; au milieu de ce sombre séjour, éclairé seulement par quelques lampes solitaires, que d'idées se pressent à la fois dans notre imagination attristée! Un instant cependant suspendons et la crainte dont nous sommes saisis et la pitié qui nous agite : approchons-nous de ces bons charbonniers. Que le cœur semble soulagé en les entendant chanter et rire! Ils travaillent; ils sont gais, ils sont heureux (1).

Quittons néanmoins au plus tôt ces tristes lieux; et, après avoir vu ces nombreuses fabrications de coke, où l'on carbonise aujourd'hui la houille en plein air, quelques verreries naissan-

(1) Enseveli vivant dans cet affreux séjour,
  Le mineur se condamne à ne plus voir le jour,
  Et dans ces noirs cachots, prisonnier volontaire,
  Souvent trouve la mort en fuyant la misère;
  Cependant sa prison retentit de ses chants,
  Quand, sous des lambris d'or, pâlissent les méchants.

(*La Mine de Beaujonc*, poème, par M. DEMAREST-LAMOTTE, de Saint-Étienne.)

La houille extraite dans l'arrondissement s'élève à sept millions de quintaux métriques par an et occupe trois mille ouvriers.

tes, n'oublions pas de visiter un établissement plus connu des étrangers que des habitants de Saint-Étienne, où l'art a su trouver six produits différents (1) dans la décomposition du charbon, et tous rendus propres à être mis dans le commerce par une seule et même opération.

Parcourons quelques ateliers de ferronnerie et de quincaillerie. C'était jadis une des premières branches de l'industrie de Saint-Étienne, et c'est aujourd'hui une des moins heureuses, parce qu'on s'est toujours trop appliqué à faire beaucoup, et trop peu à bien faire (2). En contem-

(1) Le coke, le noir de fumée, l'ammoniac, l'huile d'asphalte dont on fait un goudron ou cambouis, et un mastic ou ciment métallique.

(2) C'est une chose fort remarquable que de voir à Saint-Étienne la prospérité toujours croissante des fabriques de rubans, que la localité semble cependant repousser, et de voir ensuite la quincaillerie, cette branche de l'industrie que la localité paraît surtout favoriser, non seulement rester stationnaire, mais même marcher d'un pas rétrograde. Les causes en ont été fort bien indiquées dans d'excellents articles du *Mercure Ségusien* reproduits dans le *Moniteur*, où l'on démontre, par une expérience trop réelle, la nécessité de la division du travail et de l'emploi des machines.

La quincaillerie et la coutellerie occupent trois mille

plant l'activité qui règne dans tous ces ateliers,
que je me plais à admirer ces jeunes enfants,
qui, balbutiant à peine, secondent déjà infati-
gablement le forgeron dans ses rudes travaux !
Ne dédaignons pas de jeter un coup d'œil sur
ces fabriques de scies, de limes et de fleurets, qui,
s'offrant à notre vue, font bientôt naître en nous
le désir de voir les aciéries. Les aciéries ! C'est
une de nos belles conquêtes sur l'industrie de
nos voisins et, grace à Saint-Étienne, la France
est maintenant affranchie pour toujours d'un tribut onéreux envers l'Angleterre et l'Allemagne
jalouses. Là, un fer choisi, après avoir été cé-
menté et réduit en fusion dans des creusets ardents, sort en lingots pour aller s'épurer et s'éten-
dre sous les coups cadencés d'un énorme marteau.

Refuserons - nous plus long-temps notre at-
tention aux armes de Saint-Étienne, méritant à

huit cents ouvriers qui emploient annuellement pour
un million de valeurs de matières premières, recevant
un accroissement de trois millions par le travail. La
clouterie occupe trois mille ouvriers employant pour
un million huit cent mille francs de matières premières,
recevant un accroissement de deux millions deux cent
milles francs par le travail.

si juste titre le renom dont elles jouissent? Nos regards se portent d'abord involontairement sur ces riches sculptures qui décorent un bois élégamment façonné, sur ces gravures bien plus riches encore qui semblent nous rappeler un des plus beaux titres du génie stéphanois (1).

En entrant dans l'atelier où se forgent les canons, je ne sais ce qui nous surprend le plus, ou de voir trente à quarante lames de fer unies et pétries ensemble, bientôt réduites en une seule lame presque aussi mince que chacune de celles qu'on voyait auparavant, ou de la manière simple et facile avec laquelle se fait un canon damassé, dont le travail cependant nous paraît devoir être si compliqué. L'ouvrier tord, tresse, tourne et retourne en sens divers une lame qui, sans cesse amolie sous le feu, devient docile au marteau ; et c'est ainsi que se forment, dans le fer, ces desseins que nous ne pouvons nous lasser d'admirer.

Ensuite, là le fusil de guerre, là le fusil de luxe, là le riche pistolet qui doit aller orner la

(1) Les plus célèbres graveurs dont s'honore la France sont nés à Saint-Étienne; ce sont MM. Dupré, Dumarest et Galle.

ceinture d'un Pacha jusqu'à ce qu'on le voie briller dans les mains d'un Klephte vainqueur (1). Sur ce pistolet, si digne de faire honneur à Saint-Étienne, je vois avec peine, gravé en lettres d'or, le mot *London* : fraude que désavoue le sentiment de la patrie.

Ha! en passant, détournons nos regards de ces antres où l'on donne le tranchant au couteau, si nous ne voulons pas avoir l'ame affligée par le spectacle de malheureux ouvriers, et quelquefois même de femmes enceintes, couchés le ventre et la poitrine sur une planche, et les bras toujours tendus sur une meule menaçante (2).

(1) M. Fauriel, de Saint-Étienne, est le premier en France qui ait bien fait connaître les Klephtes dans sa traduction des *Chants populaires* de la Grèce, « ou- « vrage d'un grand mérite, dit M. de Châteaubriand, « soit par la traduction élégante et fidèle des Chants « populaires, soit par la savante notice dont ces chants « sont précédés. »

Les armes de guerre et de luxe occupent deux mille huit cents ouvriers, la valeur des matières premières employées est de cinq cent sept mille francs qui produisent par le travail un accroissement d'un million huit cent mille francs.

(2) Ces usines portent le nom d'*Aiguiseries* ou *Meu- lières*. C'est là que se perforent les canons de fusil et

Passons, passons vite, et allons nous reposer auprès du mécanisme ingénieux du tulle ou du lacet (1). Ici l'imagination se joue et se récrée en suivant tous les tours et détours de ces bobines mobiles qui, pour tresser la soie, se cherchent, se fuient et se rencontrent.

A travers ce mouvement bruyant et rapide d'un mécanisme mu par l'eau et la vapeur, l'œil craint toujours de voir se briser sur tous les points un tissage si léger et si fragile. O surprise ! un

que se dégrossissent tous les objets de quincaillerie. Il est à regretter qu'on n'ait point encore fait à ces usines l'application des machines, ou tout au moins qu'on n'ait point adopté le mode d'aiguiser d'Allemagne, qui est bien plus simple et surtout moins dangereux.

(1) Il était réservé à un fabricant de Saint-Étienne de trouver, le premier, le moyen ingénieux de fabriquer des tulles et des fonds de dentelles avec des métiers mus par des cours d'eau ; et la France doit à M. Richard-Chambovet, de Saint-Chamond, de n'être plus tributaire de l'Allemagne pour les lacets.

Avec cent cinquante ouvriers seulement la fabrique de lacets emploie pour neuf cent mille francs de matières premières qui reçoivent par le travail un accroissement de neuf autres cent mille francs. On fabrique dans l'arrondissement cent soixante mille aunes de lacet par jour.

seul fil vient de se rompre, et à l'instant même, le lacet auquel se rattachait ce fil, s'isolant, les bobines qui le formaient s'arrêtent et cessent de s'entrelacer pendant que leurs voisines tournent toujours avec art.

Il faut satisfaire enfin l'impatience où nous sommes de connaître ce chemin de fer, partout si vanté, et si digne de l'être. Quelle simplicité ! Tel est notre premier cri en le voyant; et c'est aussi l'impression qui nous reste le plus long-temps, après l'avoir vu. Deux bandes de fer, placées à quelques pieds l'une de l'autre, et se prolongeant sur une chaussée pratiquée pour les recevoir; voilà tout ce travail, qui cependant doit peut-être, avant peu, faire de Saint-Étienne un entrepôt général de la France (1).

Encore quelques jours, et nous pourrons nous embarquer sur ce canal solide pour aller visiter,

(1) La première idée des chemins de fer de Saint-Étienne est due à M. Gallois; celui de Saint-Étienne à la Loire, créé sous les auspices d'un habile ingénieur, est en pleine activité, et la confection d'un second de Saint-Étienne à Lyon, ne tardera pas à ouvrir une communication facile sur une ligne industrielle qui unira bientôt ces deux villes.

Il y avait déjà long-temps que M. Poidebard, mécani-

non loin de la ville, ces superbes usines où, à l'instar des Anglais, on convertit par la houille, le minerai en fonte, et la fonte en fer (1). Rien ne nous étonne d'abord comme ces hauts-fourneaux,

cien célèbre, originaire de Saint-Étienne, et mort dernièrement en Russie, avait aussi conçu le projet de faire de sa ville natale un entrepôt général. « Je n'ai « pas oublié ma patrie, écrivait-il en 1818, et surtout « notre bonne ville de Saint-Étienne, dont je trouve « qu'on pourrait faire un *Birmingham* et un *Man-* « *chester* français..... J'avais le projet de faire de cette « ville, aussi riche par le génie de ses habitants, si « l'on sait le diriger, que par ses ressources naturelles, « le centre et l'entrepôt d'une communication entre le « Rhône et la Loire, à laquelle les dispositions locales « et les eaux, qui me sont bien connues, se prêtent « merveilleusement. Par cet entrepôt la ville s'enri- « chirait du passage en revue des productions des « deux mers, et de deux énormes portions de la « France, dont les intérêts, séparés jusqu'à ce jour, « deviendraient communs. »

(1) Les hauts fourneaux au coke occupent huit cents ouvriers, emploient pour neuf cent cinquante mille francs de matières premières qui reçoivent un accroissement de valeur de cinq cent quarante mille francs par le travail. Les forges à la houille et au laminoir occupent quinze cents ouvriers et emploient pour trois millions trois cent quarante-quatre mille francs de matières premières qui reçoivent un accroissement de

véritables volcans artificiels, d'où s'échappent des
flots de flamme , éclairant la nuit tous les vallons
d'alentour. Assistons à la coulée d'une fonte.
Voyez sortir d'une source de feu ce métal liquide
qui pétille et bouillonne en se précipitant dans
les canaux qui l'attendent. C'est l'image parfaite
d'un torrent roulant des ondes enflammées. Rien
non plus ne saurait égaler la perfection mécanique de ce vaste atelier de forges que nous aper-
cevons quelques pas plus loin (1). Ces machines à
vapeur dont le jeu imprime un mouvement ré-
gulier à une foule de rouages , qui à leur tour

valeur de trois millions trois cent trente mille francs.

*Ces renseignements, comme tous ceux que je donne
de cette nature, ont été relevés sur une statistique de
l'arrondissement de Saint-Étienne que doit publier in-
cessamment la Société d'agriculture, arts et commerce.*

(1) L'usine de Terre-Noire, dans son genre la plus con-
sidérable qu'il y ait en France, faisant partie de l'établissement des fonderies et forges de la Loire et de l'Isère,
consiste en 2 fours d'afinerie, 16 pudlings ; 1 énorme
marteau, 1 paire de laminoirs dégrossisseurs, marchant simultanément; 8 fours de chaufferie ; 1 paire
de laminoirs à tole , 6 paires de laminoirs marchands,
5 cisailles, marchant simultanément; 2 machines à
vapeur, ensemble de la force de cent dix chevaux
français.

font mouvoir les masses les plus puissantes ; ces fourneaux embrasés où , après avoir pétri le fer, on le retire en boules enflammées que l'on traîne aussitôt sous de lourds marteaux, dont les coups redoublés achèvent de l'épurer ; ces laminoirs dont la force motrice imprime si rapidement aux masses les plus irrégulières leurs formes régulières et variées ; tout enfin excite au plus haut point l'étonnement et l'admiration du curieux et de l'observateur. Au milieu de l'activité qui se déploie autour de nous , en nous enveloppant de toute part , l'imagination semble s'agrandir et nous révéler toute la puissance de l'homme dans la puissance de ces travaux.